KARRIERE MIT SINN

Wie du dein (Arbeits-)Leben so gestaltest, dass es dir gut tut.

Tina Röbel

REISEFÜHRER #1: KARRIERE MIT SINN

Jede Suche nach Sinn ist anders.
Und trotzdem sind alle Suchen ähnlich.
In diesem Reiseführer findest du alles,
was ich als Coach bisher gelernt habe.

Danke, dass du bereit bist,
die offensichtlichen Wege zu verlassen.
Die Welt braucht dich.

Tina

www.tinaroebel.de

INHALT

VIEL SPASS
BEIM
UNTERWEGS
SEIN!

WARUM ES WICHTIG IST, DIE OFFENSICHTLICHEN WEGE ZU VERLASSEN

Die gute Nachricht ist: Wir sind viele! Immer mehr Menschen wünschen sich eine Karriere mit Sinn. Immer mehr Menschen möchten gerne einen gesellschaftlichen Beitrag leisten. Dieser Wunsch hat fast immer zwei Seiten.

Auf der einen Seite wünschen wir uns, dass es uns gut geht. Wir möchten abends mit dem zufrieden sein, was wir erreicht haben. Wir wollen hinter dem stehen, was wir machen. Wir wollen unser Potential voll entfalten können. Das ist der Wunsch. Tatsächlich verbringen wir viele Tage mit sinnlosen Aufgaben, die Energie kosten und uns ausgebrannt zurücklassen.

Auf der anderen Seite werden wir jeden Tag mit erschreckenden Nachrichten konfrontiert. In den Medien, aber manchmal auch in unserem Alltag. Unsere Klimabilanz wird nicht besser, es gibt weiterhin Armut, Krieg und eine wachsende soziale Ungerechtigkeit. Das Vertrauen in die Politik sinkt und in vielen Ländern erstarken rechte Parteien. Im Mittelmeer ertrinken Menschen, weil sie sich ein gutes Leben wünschen und vor dem Supermarkt sitzen immer häufiger Obdachlose. Es ist wichtig, dass wir vor alldem nicht die Augen verschließen.

Aus diesen beiden Quellen speist sich auch das unbestimmte Unwohlsein, das viele spüren. Wir hinterfragen unsere Jobs, weil sie uns nicht gut tun – und weil die Welt voller Baustellen ist. Viele dieser Baustellen sind auch direkt mit unserem Alltag verknüpft. Vielleicht wird deine Kleidung in Bangladesch genäht, dein Essen auf gerodeten Waldflächen in Brasilien gezüchtet und dein Büro von jemanden geputzt, der seine Familie im Kriegsgebiet zurückgelassen hat.

Dieser Reiseführer ist kein politisches Manifest. Es geht mir nicht darum, dich von meiner Meinung zu überzeugen. Das wäre gar nicht hilfreich. Hilfreich ist, wenn wir alle anfangen, das zu tun, was in unserer Macht steht. Deshalb ist es wichtig, dass wir die offensichtlichen Wege verlassen.

Du wirst nicht alle Probleme lösen können, die es gibt. Aber du kannst da, wo es für dich möglich ist, Gutes stiften. Dabei ist gar nicht so wichtig, an welcher Stelle du anfängst. Wichtig ist, dass du unterwegs bist. Es müssen nicht immer große Schritte sein, jeder kleine Schritt zählt. Ich bin fest davon überzeugt, dass jeder von uns die Chance hat, die Welt ein Stück besser zu machen. Und ich bin davon überzeugt, dass es uns glücklich macht, wenn wir unseren Werten treu bleiben.

Wie gesagt, wir sind viele. Es gibt in Deutschland und weltweit viele Pioniere, die aktiv dabei sind, die Welt zu einem besseren Ort zu machen. Bei den Beispielrouten sind unterschiedliche Karrierepfade mit Sinn aufgezählt. Lass dich inspirieren, aber niemals einschüchtern. Die Welt braucht dich und deinen ganz eigenen Idealismus.

Ich freue mich, dich ein Stück zu begleiten.

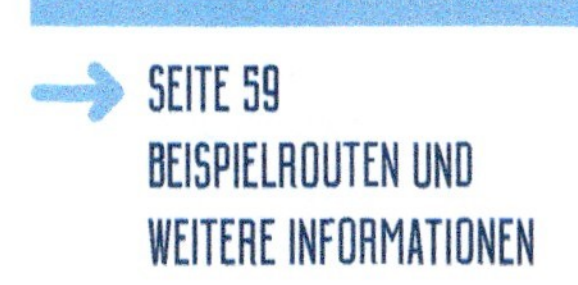
SEITE 59
BEISPIELROUTEN UND WEITERE INFORMATIONEN

WIE DU DIESEN REISEFÜHRER NUTZEN KANNST

Dieser Reiseführer ist für dich, wenn du …

… dich morgens auf deine Arbeit freuen und abends mit einem guten Gefühl nach Hause kommen willst
… nicht nur von Wochenende zu Wochenende oder von Urlaub zu Urlaub leben willst
… deine Arbeitszeit Themen widmen möchtest, die du wichtig findest
… einen gesellschaftlichen Beitrag leisten willst, aber nicht weiß, wie das geht
… dein Potenzial voll entfalten möchtest
… hinter dem stehen willst, was du machst
… dir eine Karriere mit Sinn wünschst.

Bevor du diesen Reiseführer liest, solltest du wissen, dass ich dir keine fertige Lösung bieten kann. Du buchst hier keinen All-Inclusive-Pauschal-Urlaub. Stattdessen findest du in diesem Buch alle Informationen, die für deine Reise wichtig sind, genau wie in einem normalen Reiseführer. Es geht deshalb auch nicht darum, dass du alle Schritte durchläufst. Du kannst selbst entscheiden, was du entdecken möchtest. Suche dir das aus, was du brauchst, um gut unterwegs zu sein.
Vielleicht willst du vorab eine Reiseroute festlegen, also einen Plan entwickeln, wann du dich womit beschäftigen willst. Oder du gehst Schritt für Schritt voran und hangelst dich von einer Entdeckung zur nächsten. Das Motto lautet: Es gibt kein richtig oder falsch. Du kannst auch selbst entscheiden, wie lange du reisen möchtest. Manchmal macht das Unterwegssein mehr Spaß als der Alltag. Wenn du dir das leisten kannst, dann gehe weiter. Manchmal fühlen wir uns auf der Reise aber auch einsam oder unser Geld geht zu Ende. Dann machst du eine Pause, gönnst dir etwas Alltag und reist später weiter.

Dieses Wechselspiel zwischen Reise und Alltag ist ganz normal. Es gibt Zeiten im Leben, in denen wir viel geben können und ohne viel Nachdenken unseren Alltag gestalten. Und es gibt die Momente der Veränderung, in denen wir uns neu ausrichten. Wir halten inne und korrigieren unseren Kurs. Der Reiseführer begleitet dich in diesen Phasen. Du kannst ihn immer wieder einsetzen, wenn du etwas verändern willst.

Durch den Reiseführer weißt du immer, wo du gerade bist. Du erkennst, dass du Schritt für Schritt vorankommst. Du fühlst dich auf deinem Weg erfolgreich. Das stärkt dein Vertrauen in dich selbst. Du bist überzeugend im Vorstellungsgespräch und beim Networking. Du inspirierst andere, sich auch auf den Weg zu machen.

Danke, dass du unterwegs bist! Die Welt braucht dich.

– Tina –

VERÄNDERUNG PASSIERT NICHT ÜBER NACHT. ABER VERÄNDERUNG KANN SPASS MACHEN!

REISEVORBEREITUNGEN

IN DREI SCHRITTEN ZUR STARTLINIE

Du wirst auf deiner Reise sehr viel lernen und entdecken: neue Jobmöglichkeiten, Arbeitsformen und Lebensweisen. Wahrscheinlich wirst du vieles hinterfragen, z.B. den Sinn von Arbeit überhaupt und dich selbst. Du wirst neue Personen und Meinungen kennenlernen, neue Fähigkeiten erwerben und neue Welten entdecken. Gleichzeitig wird dir viel über dich selbst bewusstwerden. Du wirst deine Stärken kennen, wissen, welche Erwartungen du an dich hast und welche Erwartungen anderer für dich wichtig sind. Du wirst eine Vision entwickeln, wie du leben und arbeiten möchtest. Du wirst dich mit Ängsten auseinandersetzen und du wirst Klarheit gewinnen.

Wenn du dich auf die Reise zu deiner Karriere mit Sinn begibst, kommst du mit jedem Schritt näher zu dir. Klar, Veränderung passiert nicht über Nacht. Aber sie kann dir guttun und Spaß machen.

Du wirst immer besser einschätzen können, was du brauchst – und was nicht. Du wirst wissen, wann du Zeit für dich haben möchtest und wann du lieber mit anderen gemeinsam unterwegs bist. Du wirst entscheiden, wann du Lust auf Herausforderung hast und wann du eine Pause brauchst.

Möglicherweise wirst du nach und nach anders konsumieren, deine Zeit anders gestalten, mit Geld anders umgehen, andere Gespräche und Beziehungen führen. Kurz: andere Prioritäten im Leben setzen.

Für alles gilt das Motto: Es gibt kein richtig oder falsch. Es ist deine Reise. Wenn du sie gut findest, dann ist es eine gute Reise.

Mit Sicherheit wirst du zwischendurch auch mal frustriert sein und Zweifel haben. Aber lass dich nicht aufhalten. Bei den Tipps für unterwegs findest du Strategien, wie du mit Angst und Zweifel umgehen kannst.

Mit den folgenden drei Schritten kannst du deine Reise ganz einfach beginnen. Entscheide dich jetzt ganz bewusst dafür loszugehen.

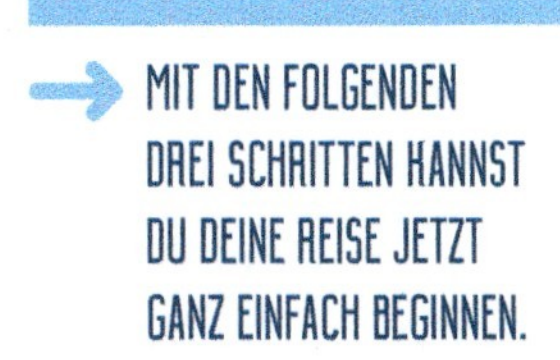

SCHRITT 1: FANGE EIN REISETAGEBUCH AN

Jede gute Reise ist ein Abenteuer mit vielen verschiedenen Eindrücken. Sammle diese Eindrücke bewusst und möglichst ungefiltert.

Dafür kannst du direkt in diesem Reiseführer arbeiten, wenn du eine Printausgabe hast. Oder du legst dir ein schönes Notizbuch zu. Vielleicht willst du auch alle Gedanken und Informationen auf einem großen Plakat sammeln. Oder ein Dokument anlegen, auf das du von überall zugreifen kannst. Es gibt kein richtig oder falsch, dein Reisetagebuch ist gut, wenn du es gut findest. Im Anhang findest du eine Vorlage als Inspiration.

Entscheide dich für ein Format, das für dich gut ist. Wenn du heute starten möchtest, trage am besten jetzt gleich das heutige Datum in dein Reisetagebuch ein. Dann lies weiter.

SCHRITT 2: AN WELCHER STELLE DES VERÄNDERUNGSPROZESSES STEHST DU?

Jeder Veränderungsprozess besteht aus vier Phasen. Um deinen Weg zu bestreiten, ist es wichtig, herauszufinden, wo du stehst. Wie gefestigt bist du bereits? Was hast du bereits unternommen, um deiner Karriere mit Sinn näher zu kommen? Für alle vier Phasen findest du hier eine erste Beschreibung.

Wo bist du gerade?

PHASE 1 | LOSGEHEN: Du weißt, dass du etwas verändern willst (oder sich etwas verändern wird und du darauf reagieren musst). Aber du bist noch nicht zu 100 Prozent bereit, dich auf den Weg zu machen. Irgendetwas steht deiner Reise noch im Weg. Vielleicht hängst du innerlich noch an dem Job, den du gerade hast? Das kann viele Gründe haben: Eigentlich ist gerade alles

#3

gut oder du hast keine Lust, (schon wieder) auf der Suche zu sein oder du hängst gedanklich noch an dem, was dich gerade stört, ... In Phase 1 geht es darum, dich bewusst für das Losgehen zu entscheiden.

PHASE2 | IDEEN SAMMELN: Du hast angefangen konkreter zu überlegen, was du machen willst. Du recherchierst, du sprichst mit Leuten, du gehst zu Veranstaltungen, du denkst nach. Grundsätzlich hast du gerade das Gefühl, dass alles möglich ist. Darum informierst du dich über Jobs, Ausbildungen, Studiengänge, Auslandsmöglichkeiten oder überlegst, vielleicht sogar komplett auszusteigen. Eine Strandbar auf den Fidschis oder so? Am Ende dieser Phase hast du das Gefühl an einer Kreuzung mit sehr vielen Wegen zu stehen. Willkommen im Wald der Möglichkeiten!

PHASE 3 | ENTSCHEIDUNG TREFFEN: Du hast das Gefühl, genügend Optionen für dich gefunden zu haben. Eigentlich weißt du genug, um eine Entscheidung zu treffen. Trotzdem triffst du sie nicht. Du fragst dich, welche Option die richtige für dich ist. Wer du überhaupt bist. Warum es für alle anderen Menschen anscheinend so klar ist, was sie machen wollen. Willkommen in der Knautschzone!

PHASE 4 | ANKOMMEN: Du hast die Knautschzone überlebt? Dann bist du dir innerlich jetzt sehr klar darüber, was du dir wünschst. Du hast Optionen aussortiert und geklärt, welche Rahmenbedingungen deine Karriere mit Sinn haben soll. Jetzt geht es mit voller Kraft an die Umsetzung deiner Pläne in deinem Alltag.

Gehe weiter zu Schritt 3.

#3

SCHRITT 3: MACHE DICH AUF DIE REISE

Du weißt, wo du stehst? Wunderbar, dann kannst du jetzt so richtig in den Reiseführer einsteigen. Auf den folgenden Seiten findest du eine detaillierte Beschreibung der vier Phasen und passende Übungen, die dir dabei helfen, weiterzukommen. Schaue dich ein wenig um und lasse dein Bauchgefühl entscheiden. Suche dir eine Übung aus und trage sie als erste Aktivität in dein Reisetagebuch ein.

Wenn du gerne planst, kannst du auch schon die nächsten Stationen deiner Reise eintragen.

Dann prüfe noch einmal dein Bauchgefühl: Ist genau jetzt ein guter Zeitpunkt, um dich weiter mit deiner Reise zu beschäftigen? Dann mach das. Oder du vereinbarst einen Starttermin mit dir selbst. Es gibt kein richtig oder falsch. Wichtig ist, dass du dranbleibst.

FAQ: BRAUCHE ICH EIN COACHING?

Nicht unbedingt. Sehr viel kannst du auch alleine oder zusammen mit anderen entdecken.

Im Kern ist ein Coaching ein gutes Gespräch, in dem dir jemand ganz unvoreingenommen seine Aufmerksamkeit schenkt. Je besser du darin wirst, dir selber und anderen auf diese Art und Weise zu begegnen, desto weniger brauchst du professionelle Begleitung.

Du darfst dir selbst vertrauen. Dein Bauchgefühl ist deine wichtigste Informationsquelle, dein Verstand ist dein treuester Begleiter. Meiner Meinung nach (und das sage ich als Coach), lohnt sich ein Coaching nur in Ausnahmesituationen.

Natürlich gibt es in jeder der vier Phasen Momente, die mit Unterstützung leichter zu bewältigen sind. Wenn du dich in so einer Situation wiederfindest, suche zunächst nach Gleichgesinnten. Erzähle anderen davon, wie es dir gerade geht. So viel Offenheit kostet Mut, kann aber zu wunderbaren Gesprächen führen. Diese Gespräche wiederum werden dir nicht nur helfen, Klarheit zu gewinnen, sondern auch deine Beziehungen vertiefen. Das ist sehr wertvoll und viel nachhaltiger als jedes Coaching.

Sollte es dir doch einmal zu viel werden, suche dir eine/n Coach in deiner Nähe. Das wichtigste Kriterium ist auch hier dein Bauchgefühl. Lasse dir genau erklären, wie die Person arbeitet und was für dich das Ergebnis des Coachings wäre. Entscheide dich in aller Ruhe und sage im Zweifelsfall auch mal "Nein, danke".

PHASE 1: MACHE DICH AUF DEN WEG.

Diese Phase steht am Anfang jeder Veränderung. Es geht um dieses unbestimmte Gefühl, dass etwas nicht mehr rund läuft. Oft wissen wir noch gar nicht, woran das liegt. Manchmal ist uns bereits klar, wo unsere „Bauchschmerzen" herkommen. Um tatsächlich loszugehen, musst du diese Phase durchlaufen.

Die Phase ist abgeschlossen, wenn du innerlich bereit bist unterwegs zu sein. Das klappt dann, wenn du eine erste Vorstellung davon entwickelst, wohin du kommen möchtest (Übungen: Das Happy End ausmalen; Rahmenbedingungen kennen). Und wenn du Abschied nimmst, von dem, was bisher war (Übung: Loslassen was bisher war). Alle alten Ideen dürfen bleiben – und gleichzeitig bist du offen für Neues (Übung: Platz für neue Möglichkeiten schaffen).

In dieser Phase gibt es keine Reihenfolge zu beachten. Du musst auch nicht alle Stationen durchlaufen. Lasse dich von deinem Bauchgefühl leiten – was willst du entdecken?

→ AUF DEN FOLGENDEN SEITEN BEKOMMST DU INSPIRATIONEN FÜR ÜBUNGEN AUF DEINEM WEG.

ÜBUNG #1

PLATZ FÜR NEUE MÖGLICHKEITEN SCHAFFEN

→ Welche Ideen hast du jetzt schon? Welche Jobs, Unternehmen oder Themen interessieren dich? Schreibe einfach alles einmal auf. Egal, wie geordnet oder chaotisch, ob als Text, Mindmap oder als Post-It-Sammlung.

→ Schritt 2: Wie viel weißt du schon über diese Optionen? Markiere die Ideen, bei denen du schon einen guten Überblick hast. Dafür kannst du zum Beispiel mit verschiedenen Farben, mit * Sternchen oder mit einer Bewertung von 1-5 arbeiten. Wo besteht noch Recherchebedarf? Markiere auch diese Ideen.

→ Schritt 3: Schaffe visuell Platz für Neues. Male Fragezeichen. Klebe leere Post-it's. Schreibe Stichwörter für die noch unbekannten Optionen. Es ist ok, wenn du sie noch gar nicht oder nur grob beschreiben kannst („Etwas mit Menschen", „irgendwie international", „sowas Ähnliches wie der Bruder von Sarah" ...).

→ Nach der Übung: Schreibe ein Fazit in dein Reisetagebuch. Welchen Wert hatte diese Übung für dich? Was wird dein nächster Schritt sein?

ÜBUNG #2

RAHMENBEDINGUNGEN KENNEN

→ Was brauchst du, damit du dich mit deinem Arbeitsleben wohl fühlst? Worauf kannst du getrost verzichten?

→ Lege zwei Listen an. Auf der einen Seite: deine Wünsche. Auf der anderen: alles, was du nicht mehr möchtest.

Kriterien, die du hinterfragen kannst:
... Was für ein Arbeitsort ist dir wichtig?
... Mit was für Menschen willst du zu tun haben?
... Welche Arbeitsatmosphäre tut dir gut?
... Wieviel Geld möchtest du verdienen?
... Wofür soll dein Arbeitgeber stehen?

→ Schreibe ein Datum unter die Liste. Das ist der Stand von heute – zu Beginn deiner Reise. Höchstwahrscheinlich wird sich diese Liste im Laufe deiner Reise verändern. Sei bereit, Neues zu entdecken.

→ Nach der Übung: Schreibe ein Fazit in dein Reisetagebuch. Welchen Wert hatte diese Übung für dich? Was ist ein guter nächster Schritt?

WAS ICH NICHT MEHR WILL

WAS ICH MIR WÜNSCHE

DATUM (BEGINN MEINER REISE):

SEI BEREIT, NEUES ZU ENTDECKEN!

ÜBUNG #3

DAS HAPPY END AUSMALEN

→ Gib dir selbst die Erlaubnis zu träumen. Bei dieser Übung geht es darum, groß zu denken. Es ist erstmal nicht so wichtig, ob etwas realistisch ist oder nicht. Wichtig ist, erstmal zu verstehen, was du dir wünschst.

→ Um deinen Gedanken und Gefühlen möglichst ungefiltert auf die Schliche zu kommen, kannst du zum Beispiel einfach drauf los schreiben. In dein Notizbuch ohne den Stift abzusetzen. Oder am Laptop ohne aufzuhören zu tippen.

→ Vielleicht willst du auch ein Bild malen, eine Graphik erstellen oder eine Collage basteln. Hier können viele Methoden gut funktionieren. Wähle die, die für dich passt. Und keine Sorge: Selbst wenn dein Wunschbild noch unklar scheint oder tief in deinem Inneren versteckt ist, es ist immer da. Gib dir selbst den Raum, es zu entdecken.

→ Hier findest du ein paar Fragen:

Stelle dir vor, dein Leben ist eine Serie. Wie geht die aktuelle Staffel zu Ende? Was hat sich geklärt? Was ist vielleicht noch offen? Wozu wird es gut gewesen sein, dich auf die Reise zur Karriere mit Sinn zu machen?

Angenommen, du entscheidest dich an der nächsten Kreuzung für den richtigen Abzweig (ohne bereits jetzt zu wissen, welcher das ist), wo kommst du an?

Mit welchem Gefühl möchtest du morgens aufstehen? Mit welchem Gefühl willst du abends nach Hause kommen? Mit welchen Menschen möchtest du Kontakt haben? Wie soll dein Leben rund um die Arbeit aussehen?

Wenn du auf einer Party bist und dich jemand fragt, was du machst, was würdest du gerne erzählen?

→ Nach der Übung: Schreibe ein Fazit in dein Reisetagebuch. Welchen Wert hatte diese Übung für dich? Was wird dein nächster Schritt sein?

DREAM BIG!
WIE SOLL
DEIN LEBEN
AUSSEHEN?

ÜBUNG #4

LOSLASSEN, WAS BISHER WAR

→ Schritt 1: Stelle dir vor, du packst jetzt dein Reisegepäck. Alles, was dich unterstützt und hilfreich ist, kommt mit. Alles, was dich beschwert, lässt du zurück. Hier sind ein paar Fragen, die du für dich oder im Gespräch mit anderen beantworten kannst:

Was hast du dort, wo du bisher warst, gelernt? Fachlich? Über dich? Über Zusammenarbeit? Über die Welt?

Was hat dich bisher genervt? Was hat dich vielleicht verletzt und traurig gemacht? Gibt es etwas, was du daraus für deinen weiteren Weg mitnehmen möchtest?

Mit welchen Menschen möchtest du noch sprechen? Von wem hättest du gerne Feedback? Mit wem möchtest du weiter in Kontakt bleiben? Mach das.

Welche Fragen sind für dich jetzt noch offen? Manchmal ist es wichtig, eine Frage mit zu nehmen, z.B. „Wieso kann ich so schlecht damit umgehen, wenn sich andere in den Vordergrund drängen?" Wenn du Lust hast, kannst du in deinem Reisetagebuch eine Liste offener Fragen anlegen. Es ist viel wichtiger, Fragen zuzulassen als auf alles eine Antwort zu haben.

→ Schritt 2: Frage dich jetzt, was dich bisher daran gehindert hat, deine Reise aus ganzem Herzen zu beginnen. Sei ehrlich zu dir. Vielleicht ist es etwas, das du nur ungern aufgeben möchtest? Bist du ängstlich oder einfach nur bequem? Für keinen dieser Gründe musst du dich schämen. Aber es ist wichtig zu erkennen, was dich zurückhält. Bist du bereit, etwas aufzugeben? Wie kannst du Angst oder Bequemlichkeit überwinden?

→ Schritt 3: Finde einen symbolischen Abschluss. Ein kleines Ritual, mit dem du dir signalisierst, dass du jetzt eine neue Reise antrittst. Vielleicht fährst du tatsächlich ein paar Tage weg. Vielleicht kaufst du dir ein neues Kleidungsstück. Vielleicht lädst du dich (und deine Lieblingskollegen) zum Essen ein. Egal, was es ist, wichtig ist, dass es deine Entscheidung symbolisiert: „Ich mache mich jetzt auf den Weg".

→ Nach der Übung: Schreibe ein Fazit in dein Reisetagebuch. Welchen Wert hatte diese Übung für dich? Was wird dein nächster Schritt sein?

TIPP: KRAFTRESSOURCEN EINSCHÄTZEN

Ich beobachte immer wieder, dass Klienten gerne schon am Ende der Reise wären. Du kannst aber nichts beschleunigen. Wenn du gerade nicht die Kraft hast loszugehen, dann ist das okay. Wenn du eine Pause brauchst, dann gönne sie dir.

Wenn es noch andere Dinge in deinem Leben gibt, die du klären willst oder musst, bevor du dich auf die Reise machst – dann mach das. Wer anfängt sich selbst wieder besser zuzuhören, entdeckt oft mehrere Baustellen auf einmal. Kümmere dich um eine Sache nach der anderen.

Manchmal ist eine Pause von allen beruflichen Fragen der wichtigste nächste Schritt. Entspann dich und gehe in deinem Tempo.

Dabei helfen dir die folgenden Fragen:

... Wie sind deine Kraftressourcen gerade?
... Hast du gerade die Energie um weiterzugehen?
... Wie kannst du in den nächsten Wochen Kraft tanken?

Schreibe die Antworten mit Datum in dein Reisetagebuch. Sei ehrlich und großzügig mit dir selbst. Das Gras wächst nicht schneller, wenn man daran zieht.

Mehr zum Thema Zeit und wie man das richtige Tempo wählt, findest du im Kapitel „Land und Leute“.

ABSCHLUSS

BEREIT FÜR DIE NÄCHSTE PHASE?

Das Ziel von Phase 1 ist die bewusste Entscheidung, dich auf den Weg zu machen. Hier sind ein paar Ideen, die dir helfen, diese Phase gut abzuschließen.

→ Schritt 1: Formuliere in einem Satz, was du ganz am Ende deiner Reise erreichen möchtest. Formuliere diesen Satz mit so viel Klarheit, wie es jetzt gerade möglich ist. Schreibe ihn in dein Reisetagebuch. Hänge ihn groß an die Wand oder nutze ihn als Bildschirmhintergrund.

„Ich möchte ...

→ Schritt 2: Wenn alles ideal verläuft – wann willst du dieses Ziel erreicht haben? Es geht nicht darum, dass du diese „Deadline" einhältst. Es geht nur darum, dass du dir selbst kommunizierst, wieviel Zeit und Energie du in der nächsten Zeit in deine Reise stecken willst. Es macht einen Unterschied, ob ich in zehn Jahren mal einen Marathon laufen will oder im nächsten Sommer.

→ Schritt 3: Suche dir Unterstützung. Wer kann dich bei den nächsten Schritten begleiten? Wem kannst du von deiner Reise berichten? Schreibe jetzt auf, mit wem du über deine Reise sprechen möchtest. Frage diese Personen ganz explizit, ob sie für dich in den nächsten Wochen und Monaten da sein können.

→ Schritt 4: Was ist dein Motto für die nächste Zeit? Schreibe es dir auf. Suche dir ein Lied, das gut dazu passt. Höre es immer, wenn es dir guttut.

Hier sind ein paar Vorschläge:

WHEN NOTHING IS SURE, EVERYTHING IS POSSIBLE.

MAY YOUR CHOICES REFLECT YOUR HOPES NOT YOUR FEARS.

ES IST NUR DANN EIN PROBLEM HINZUFALLEN, WENN MAN NICHT WIEDER AUFSTEHT.

DU BIST DIE AUTORIN DEINES LEBENS. UND DER AUTOR!

RELAX. NOTHING IS UNDER CONTROL.

DIE GRÖSSTEN HERAUSFORDERUNGEN IN PHASE 1

Manchmal kostet es Kraft, das loszulassen, was bisher war. Schaffe dir den Raum, um überflüssiges Gepäck abzuladen. Nimm nur mit, was jetzt wichtig ist.

Nicht jede Reise beginnt freiwillig. Mache diese Reise zu deiner Reise. Der Spruch „Herausforderungen sind Chancen" ist ein bisschen platt. Aber hier passt er. Jede Veränderung kann eine Chance sein – wenn du sie dir aneignest.

Manchmal schrecken wir vor unserem eigenen Mut zurück. Taste dich langsam voran. Sei bereit, dein Wunsch-Ziel immer noch mal zu hinterfragen. Suche dir Vorbilder, die dich inspirieren und dir Kraft geben.

PHASE 2: IDEEN SAMMELN.
FINDE HERAUS, WAS MÖGLICH IST.
AUF DEM
WEG
ZUM ZIEL

Du hast dich auf den Weg gemacht. Du hast eine Richtung vor Augen. Jetzt fehlt dir noch der Weg zum Ziel. In Phase 2 geht es darum, Ideen zu sammeln und Türen zu öffnen.

Diese Phase ist abgeschlossen, wenn keine neuen Ideen mehr hinzukommen. Wenn du das Gefühl hast, dass jetzt alle Karten auf dem Tisch liegen, dir alle Optionen klar sind. Oder wenn du keine Lust mehr hast, die Offenheit und Unsicherheit auszuhalten.

Das ist übrigens auch die Phase, in der die Frage „Und, was willst du jetzt als nächstes machen?“ oft unangenehm ist. Denn das weißt du hier selbst noch nicht. Ganz gelassen könntest du antworten: „Ich beschäftige mich gerade damit, was ich wirklich machen möchte. Damit ich keine überstürzte Entscheidung treffe, sondern eine, mit der ich langfristig zufrieden bin.“

Diese Phase kann ein paar Tage, Wochen oder Monate dauern. Achte darauf, dass sie dir guttut. Schaffe dir Möglichkeiten, um dich mit anderen auszutauschen.

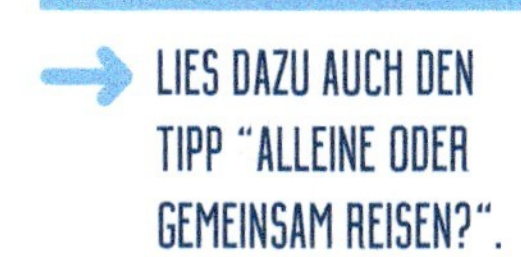

ÜBUNG #5

STRATEGIE-CHECK

Was hast du bisher schon unternommen? Was davon hat dich weitergebracht? Lege eine Liste an, welche Aktivitäten bislang Teil deiner Reise waren. Höchstwahrscheinlich kannst du stolz darauf sein, was du schon alles unternommen hast. Hier ein paar Fragen, damit du auf viele Ideen kommst.

➔ Sammle erstmal alle Ideen ganz ungefiltert.

... Was hast du schon unternommen?
... Was hat dich weitergebracht?
... Was hat nicht funktioniert?
... Was wären ganz neue Strategien?
... Welche neue Strategie willst du ausprobieren?
... Wie bist du früher in deinem Leben an ähnliche Situationen herangegangen?
... Wie gehen andere mit diesen Situationen um?
... Was kannst du tun, um mehr über Karriere mit Sinn zu lernen?
... Was kannst du tun, um mehr über dich selbst zu erfahren?

➔ Nach der Übung: Schreibe ein Fazit in dein Reisetagebuch. Welche Strategie willst du ganz konkret als nächstes umsetzen? Wann wirst du das tun? Was brauchst du dafür?

➔ Hier ein paar Ideen: Veranstaltungen besuchen, andere um Feedback bitten, welche Jobs sie sich für dich vorstellen können, Vorbilder suchen, Newsletter abonnieren, ein paar der folgenden Übungen machen, ... Es ist nicht wichtig, was du konkret machst. Es ist wichtig, dass du neue Informationen sammelst.

MEINE STRATEGIE:

ÜBUNG #6

FÄHIGKEITEN, STÄRKEN UND INTERESSEN WIEDERENTDECKEN

Egal wie alt du bist, du hast in deinem Leben sicher schon viel erlebt. Du hast dich mit vielen Themen beschäftigt, unterschiedliche Fähigkeiten erworben und verschiedene Träume gehabt.

→ Erstelle eine Tabelle, in der du für jedes Lebensalter eine Zeile anlegst, zum Beispiel 0-10, 10-15, 15-20, 20-25, ... Dann schreibe Fragen über die Spalten: Was hast du in der Zeit gemacht? Welche Fähigkeiten und welches Wissen hast du erworben? Wofür hast du dich interessiert?

→ Wenn du die Tabelle vor dir hast: Woran kannst du anknüpfen? Mit wem möchtest du nochmal sprechen? Was willst du als zusätzlichen Wunsch in deine Vision vom Happy End aufnehmen?

→ Nach der Übung: Schreibe ein Fazit in dein Reisetagebuch. Welchen Wert hatte diese Übung für dich? Was wird dein nächster Schritt sein?

ÜBUNG #7

ALLTAG BEOBACHTEN

Du bist auf dieser Reise, weil du ein neues Lebensgefühl suchst. Vielleicht wünschst du dir mehr Freude, mehr Sinn, mehr Begeisterung, mehr Glück, ... Beobachte deinen Alltag: In welchen Momenten erlebst du dieses Gefühl bereits?

→ Trage mindestens 30 dieser Momente in einer Liste zusammen. Es dürfen kleine und große Momente sein.

→ Überlege dann, was dir diese Momente über dich selbst sagen. Was brauchst du, um Glück/ Freude/ Sinn zu erleben? Was tut dir gut?

→ Nach der Übung: Schreibe ein Fazit in dein Reisetagebuch. Welchen Wert hatte diese Übung für dich? Was wird dein nächster Schritt sein?

ABSCHLUSS

MACHE DICH BEREIT FÜR PHASE 3

Du bist bereit für Phase 3, wenn du das Gefühl hast, den Wald vor lauter Bäumen nicht mehr zu sehen.

Verschaffe dir zum Abschluss von Phase 2 einen Überblick über die vielen Optionen. Visualisiere sie in einer Mindmap oder male eine Kreuzung von der die verschiedenen Wege abgehen.

In welche Richtungen könnte es für dich weitergehen?

Und keine Sorge: Wenn es viele Möglichkeiten gibt, ist das etwas Gutes. Genieße diese Vielfalt der Optionen. Das ist nicht immer einfach, ich weiß. Gleichzeitig ist es ein Stück Luxus. Es ist ein Privileg, sein Leben selbst gestalten zu können.

DIE GRÖSSTEN HERAUSFORDERUNGEN IN PHASE 2

Wer viel neuen Input sucht, hat es gar nicht so einfach, den Überblick zu behalten. Nutze das Reisetagebuch. Suche dir Reisepartner, mit denen du dir die Recherche aufteilen kannst.

Die Unsicherheit und Offenheit dieser Phase ist nicht immer leicht auszuhalten. Erinnere dich immer wieder daran, warum du überhaupt unterwegs bist. Oder bitte Freunde, Familie, Partner, dich zu bestärken.

Wenn du das Gefühl hast, „steckenzubleiben“, gönne dir eine Pause oder gehe zurück in Phase 1. Formuliere kleine, konkrete Schritte für Phase 2. Anstelle von „Veranstaltungen besuchen“ lieber „Morgen eine halbe Stunde bei Facebook nach Veranstaltungen suchen und mich für eine anmelden“.

„DU SIEHST DEN WALD VOR LAUTER BÄUMEN NICHT MEHR?

PHASE 3: ENTSCHEIDUNG TREFFEN. KLÄRE, WAS DU WIRKLICH WILLST.

Diese Phase hat es in sich. In Phase 2 hast du dich viel mit der Welt um dich herum und mit Optionen beschäftigt. In Phase 3 geht der Fokus zurück auf dich. Es geht um die Frage, was dir wirklich wichtig ist.

Dafür ist in Phase 3 der Blick nach innen entscheidend. Lass die Optionen erst einmal wieder Optionen sein. Du musst auch hier noch nicht genau wissen, wie du dort hinkommst, wo du hinwillst. Das wird sich später ergeben. Wenn du innerlich klar bist, wird auch die Lösung klar sein.

Diese Klarheit wirst du nicht über Pro- und Kontra-Listen gewinnen. Objektiv betrachtet sind wahrscheinlich mehrere Optionen gut. Es geht aber um die Frage, was für dich passt. Dahinter verbirgt sich noch eine andere Frage: Wer willst du sein?

Du hast diese Phase abgeschlossen, wenn du bereit bist, Optionen auszusortieren.

→ SCHWIERIGE ENTSCHEIDUNGEN SIND DIE CHANCE ZUR AUTORIN DEINES LEBENS ZU WERDEN. ODER ZUM AUTOR.

ÜBUNG #8

WERTE-KOMPASS

Dieses Tool hilft dir dein Bauchgefühl in Worte zu fassen. Es gibt dir eine Entscheidungsgrundlage. In Gesprächen kannst du damit klar sagen, worauf es dir ankommt.

➔ Schritt 1: Welche Werte sind dir wichtig? Auf der nächste Seite findest du einige Vorschlägen zur Inspiration. Suche dir acht Werte heraus, die dich spontan ansprechen.

➔ Schritt 2: Male dann ein Tortendiagramm mit acht gleich großen Feldern und trage deine acht Favoriten dort ein.

➔ Schritt 3: Im nächsten Schritt kannst du die Felder deines Tortendiagramms ausmalen: Wie erfüllt sind diese Werte in deinem (Berufs-)Leben aktuell? Was ist für deine nächste berufliche Station besonders wichtig?

➔ Schritt 4: Werde konkreter. Was bedeuten diese Werte für dich genau? Schreibe deine Definitionen an den Rand des Tortendiagramms.

➔ Nach der Übung: Schreibe ein Fazit in dein Reisetagebuch. Welchen Wert hatte diese Übung für dich? Was wird dein nächster Schritt sein?

Abenteuer, Abwechslung, Achtsamkeit, Achtung, Aggressivität, Akribie, Aktualität, Akzeptanz, Altruismus, Anerkennung, Anpassungsfähigkeit, Anschluss, Anstand, Antrieb, Anwendbarkeit, Anziehungskraft, Aufgeschlossenheit, Aufopferung, Aufrichtigkeit, Ausbild

Dienst und zu dienen, Diplomatie, Diskretion, Disziplin, Dominanz, Dreistigkeit, Durchsetzungsvermögen/ Durchsetzungskraft, Dynamik, Edelmut, Effektivität, Effizienz, Ehre, Ehrfurcht, Ehrgeiz, Ehrlichkeit, Eifer, Eigenständigkeit, Einfachheit, Einfallsreichtum, E

ravaganz, Extraversion, Exzellenz, Fähigkeit, Fairness, Familie/ Familiensinn, Faszination, Finanzielle Unabhängigkeit, Findigkeit, Fitness, Fleiß, Flexibilität, Flow,

issheit, Glaube, Glaubwürdigkeit, Glück/ Glückseligkeit, Gnade, Großzügigkeit, Gründlichkeit, Güte, Gutmütigkeit, Harm

uität, Kontrolle, Konzentration, Kooperation, Kreation, Kreativität, Kühnheit, Lebendigkeit, Lebe

dauer, Ausdrucksfähigkeit, Ausgeglichenheit, Ausgelassenheit, Authentizität, Ästhetik, Bedachtsamkeit, Beflissenheit, Bedeutung, Befreiung, Begeisterung, Begierde, Beharrlichkeit, Beherrschung, Beliebtheit, Bereitschaft, Bereitwilligkeit, Bescheidenheit, Beschränkung, Besonnenheit, Bestätigung, Bestimmung, Bewusstsein, Bindung, Brauchbarkeit, Brillanz, Charisma, Charme, Coolness, Dankbarkei

nfühlsamkeit/ Einfühlungsvermögen, Einheit, Einsamkeit, Einsicht, Einsichtigkeit, Einzigartigkeit, Ekstase, Elastizität, Eleganz, Empathie, Energie, Engagement, Entdeckung, Enthusiasmus, Entschlossenheit, Entschiedenheit, Entspannung, Erfahrung, Erfolg, Erfindungsreichtum/ Erfindungsgabe, Erhabenheit, Erholung, Ermutigung, Ernsthaftigkeit, Errungenschaft, Ethik, Exp

t, Freizügigkeit, Freude, Freundlichkeit, Freundschaft, Frieden, Frohmut, Frohsinn, Frömmigkeit, Führung, Fülle, Furchtlosigkeit, Fürsorge, Gastfreundschaft, Geben, Gehorsam, Gelassenheit, Genauigkeit, Genügsamkeit, Genuss, Gerechtigkeit, Gerissenheit, Geschicklichkeit, Geschwindigkeit, Gemütlichkeit, Geselligkeit, Gesundheit, Gewandtheit,

ackigkeit, Heiligkeit, Heimlichkeit, Heiterkeit, Herausforderung, Herkunft, Herz, Herzlichkeit, Hilfsbereitschaft, Hingabe, Hochgefühl, Hoffnung, Höflichkeit, Humor, Hygiene, Idealismus, Innovation, Inspiration, Integrität, Intelligenz, Intimität, Intuition, Jugendlichkeit, Kameradschaft, Klarheit, Klugheit, Komfort, Kommunikation, Kong

ernen, Lebhaftigkeit, Leidenschaft, Leistung, Liebe, Logik, Loyalität, Lust, Macht, Männlichkeit, Mäßigung, Meisterschaft, Milde, Minimalismus, Mitgefühl, Mode, Motivation, Mündigkeit, Mut, Nachdenklichkeit, Nachhaltigkeit, Nächstenliebe, Nähe, Neugier, Nutzen, Offenheit, Opportunismus, Optimismus, Optimier

flicht, Phantasie, Philanthropie, Positives Denken, Potenz, Pragmatismus, Präsenz, Präzision, Privatsphäre, Proaktivität, Produktivität, Professionalität, Pünktlichkeit, Qual, Qualität, Querdenken, Raffinesse, Rätselhaftigkeit, Realismus, Reflektion, Reichhaltigkeit, Reichtum, Reife, Reinheit, Reinlichkeit, Religiosität, Respekt, Revolution, Ruhe, Ruhm, Sauberkeit, Scharfsinn, Schläue, Schönheit, Schöpfung, Schwung, Selbstbeherrschung, Selbstbeobachtung, Selbstentwicklung, Selbstliebe, Selbstlosigkeit, Selbstvertrauen, Sicherheit, Signifikanz, Sinn, Sinnlichkeit, Sittsamkeit, Solidarität, Sorgfalt, Spannung, Sparsamkeit, Spaß, Spiritualität, Spontaneität, Stabilität, Stärke, Stille, Strebsamkeit, Strenge, Struktur, Sympathie, Synergie, Tapferkeit, Teamplay, Teilnahme, Tiefe, Toleranz, Transzendenz, Treue, Tugend, Überfluss, Überlegenheit, Überraschung, Überzeugung, Umgänglichkeit, Unabhängigkeit, Unerschrockenheit, Unerschütterlichkeit, Unparteilichkeit, Unterhaltung, Unterstützung, Unterscheidung, Unverfälschtheit, Unvoreingenommenheit, Urteilsfähigkeit, Verantwortung, Verbindung, Vergebung, Verehrung, Vergnügen, Vermögen, Vernunft, Verspieltheit, Verständnis, Vertrauen, Vertrauenswürdigkeit, Verwandtschaft, Vielfalt, Vision, Vitalität, Vollendung, Wachsamkeit, Wachstum, Wahrheit, Wahrnehmung, Wärme, Weiblichkeit, Weisheit, Wertschätzung, Widerstandsfähigkeit, Wildheit, Widmung, Wirksamkeit, Wirtschaftlichkeit, Wissen, Wissensdurst, Witz, Wohlbefinden, Wohlgefallen, Wohlstand, Wohlwollen, Würde, Zeitlosigkeit, Zufriedenheit, Zugänglichkeit, Zugehörigkeit, Zuneigung, Zuverlässigkeit

ÜBUNG #9

INNERES TEAM

Eine meiner Lieblingsübungen! Sie hilft dir Klarheit zu schaffen, wenn du dir selbst im Weg stehst. Das ist besonders gut in Situationen, in denen du innerlich sehr hin- und hergerissen bist. Die Idee: Du stellst dir dein inneres Team vor (die Metapher wurde von Schulz-von-Thun geprägt). Natürlich bist du nur eine Person, aber du hast verschiedene Wünsche, Bedürfnisse, Ängste und Sorgen, die manchmal noch nicht im Einklang sind. Diese Übung funktioniert am besten mit ein paar leeren Zetteln, kleinen Karten oder Legofiguren.

→ Schritt 1: Welche widersprüchlichen Gedanken und Gefühle hast du gerade? Formuliere typische Sätze, wie sie dir im Kopf herumgehen. Schreibe jeden Satz auf einen Zettel.

→ Schritt 2: Wer sagt diese Sätze? Gib deinen Teammitgliedern Namen. Hier kommen ein paar Beispiele:

DER INNERE ANGSTHASE: WAS IST, WENN ES NICHT KLAPPT?!

DER JUNGE HUND: ICH WILL SPIELEN!!!

MEIN 90JÄHRIGES ICH: ES WAR IMMER WICHTIG, ZU MIR ZU STEHEN.

DER WELTVERBESSERER: ES IST DEINE VERANTWORTUNG, DIE WELT ZU RETTEN.

DIE REALISTIN: ICH BRAUCHE GELD, UM MEINE MIETE ZU BEZAHLEN ...

→ Schritt 3: Lerne deine Teammitglieder besser kennen. Was wollen sie? Was könnte ihre positive Absicht sein?

→ Nach der Übung: Schreibe ein Fazit in dein Reisetagebuch. Welchen Wert hatte diese Übung für dich? Was wird dein nächster Schritt sein?

MEIN INNERES TEAM:

WAS WÄRE WENN GESCHICHTEN

Die Entscheidung, was du machen wirst und was nicht, ist auch eine Entscheidung darüber, wer du sein wirst und wer nicht. Wenn es zwei oder drei sehr unterschiedliche Optionen gibt, wie dein Leben weitergehen könnte, schreibe sie auf. Denke dich tief in diese verschiedenen Versionen deiner Zukunft hinein.

... Angenommen du verfolgst Plan A, wie sieht dein Leben in ein paar Jahren aus?
.... Was wirst du tun?
... Mit welchen Menschen hast du Kontakt?
... Was hast du zurückgelassen?
... Und wie sähe dein Leben aus, wenn du Plan B, C oder D verfolgst?

Vielleicht kannst du dir in einem zweiten Schritt ausmalen, wie es wäre, wenn sich diese verschiedenen Versionen von dir begegnen. Worüber würden sie sich unterhalten? Was würden sie aneinander schätzen?

Nach der Übung: Schreibe ein Fazit in dein Reisetagebuch. Welchen Wert hatte diese Übung für dich? Was wird dein nächster Schritt sein?

MEINE GESCHICHTE(N):

ABSCHLUSS

MACH DICH BEREIT FÜR PHASE 4

Das Ende von Phase 3 erkennst du daran, dass du jetzt sehr konkret weißt, was du willst. Formuliere es in einem Satz.

„Ich möchte ..."

→ Sage diesen Satz so oft wie möglich – für dich selbst und im Gespräch. Nimm wahr, wie es sich anfühlt, dein Ziel auszusprechen. Hast du ein gutes Gefühlt?

→ Wenn ja, dann finde ein Lebensmotto, das zu deinem Ziel passt. Was ist dein Motto für die nächste Zeit?

→ Schreibe es auf. Gestalte ein Poster.

→ Wichtig ist außerdem, dass du jetzt bewusst Abschied nimmst von den Optionen, die du nicht weiterverfolgst. Streiche sie auf deiner Mindmap durch oder wirf alles weg.

→ Last but not least, mache dich dafür bereit, deinen Blick von innen wieder nach außen zu richten. Schreibe eine Art Abschlussbericht zu Phase 3: Was hast du bis hierhin über dich gelernt?

→ Sei stolz auf dich.

DIE GRÖSSTEN HERAUSFORDERUNGEN IN PHASE 3

Diese Phase heißt nicht umsonst „die Knautschzone". In den Tipps von A bis Z findest du deshalb zu vielen Herausforderungen ein eigenes Kapitel.

→ Zweifel, Angst und Frust: Höchstwahrscheinlich wirst du hier in Phase 3 am meisten mit deinen Ängsten und Zweifeln in Kontakt kommen. Manchmal kommen wir nicht ins Handeln, weil wir innerlich ganz hin- und hergerissen sind. Es ist wichtig, zu wissen, dass all das dazugehört und es keinen Grund gibt, umzudrehen.

→ Mit Erwartungen umgehen: Auch für die Menschen um dich herum kann Phase 3 eine Herausforderung sein. Denn spätestens jetzt wird ihnen klar: Das, was du planst, wirst du auch in die Tat umsetzen. Du und Deine Entscheidungen müssen natürlich nicht den Erwartungen anderer entsprechen. Trotzdem ist es hilfreich, wenn Freunde, Familie und andere Bezugspersonen hinter einem stehen. Sprich also mit den Menschen, die dir wichtig sind. Frage sie ganz direkt, was ihre Gedanken sind.

→ Türen schließen: Wenn du dich für eine Sache entscheidest, heißt das, dass du dir andere Optionen nicht mehr offenhältst. Sich festzulegen ist nicht immer einfach. Gestalte diesen Schritt wirklich sehr bewusst. Vielleicht willst du ein kleines Ritual finden. Verabschiede dich (vorläufig) von den Optionen, die du nicht weiterverfolgen wirst. Schreibe sie auf Zettel, die du dann verbrennst, zerreißt oder für später aufbewahrst, ... Wenn dir das schwer fällt: Gestehe dir selbst noch ein paar weitere Wochen Offenheit zu.

PHASE 4: ANKOMMEN.
SETZE DEINE KLARHEIT IN TATEN UM.

> DU WEISST, WAS DU WILLST.

In Phase 4 startest du mit der inneren Klarheit aus Phase 3. Du weißt, was du willst. Aber du weißt noch nicht, wie du dorthin kommst oder hast dich einfach noch nicht auf den Weg gemacht. Jetzt geht es darum, wieder ins Umsetzen und Handeln zu kommen.

Phase 4 ist abgeschlossen, wenn du das Gefühl hast, dass du angekommen bist. Das kann ein neuer Job sein, aber auch die Gewissheit, auf dem richtigen Weg zu sein. Es gibt kein richtig oder falsch. Ein Veränderungsprozess kann auch dort enden, wo du angefangen hast. So wie in Janoschs Geschichte vom kleinen Tiger und kleinen Bär, die nach Panama reisen und am Ende wieder vor ihrer Hütte stehen. Auf einer Reise verändern wir uns. Deshalb sieht das Bekannte für uns manchmal anders aus als zuvor.

WIE DU DICH IN DEINEM NEUEN ALLTAG EINRICHTEN KANNST, ERFÄHRST DU AUF DEN FOLGENDEN SEITEN.

ÜBUNG #11

DAS PRINZIP DER KLEINEN SCHRITTE

Du weißt, was du willst und möchtest nun genau da hin. Egal, ob der Weg kurz oder lang ist: Er wird übersichtlicher, wenn du ihn in kleine Schritte teilst. Ein Extrembergsteiger wurde mal gefragt, wie er es schafft, Berge zu erklimmen, die über 8000 Meter hoch sind. Er musste kurz überlegen und sagte dann: „Ähm, ja, also, wenn man nicht stehen bleibt, ist man irgendwann oben." Klingt logisch, oder? Genau darum geht es in dieser Übung: Dranbleiben, um Schritt für Schritt voranzukommen.

→ Am besten nimmst du dir immer wieder die Zeit, um deine Ziele in kleine Schritte herunterzubrechen. Formuliere deine to Do's so, dass du sie mit einem Mal erreichen kannst. Anstatt von: „Drei Bewerbungen pro Woche" könntest du dir vornehmen: „Morgen Abend entwerfe ich eine Initiativbewerbung für die Stiftung X".

→ Schreibe jetzt deine nächsten drei konkreten Schritte in dein Reisetagebuch.

WAS WIRST DU TUN?

WANN WIRST DU ES TUN, WIEVIEL ZEIT WIRST DU DIR DAFÜR NEHMEN?

WAS BRAUCHST DU AUSSER ZEIT NOCH DAFÜR?

WIE STELLST DU SICHER, DASS DU ES TUST?

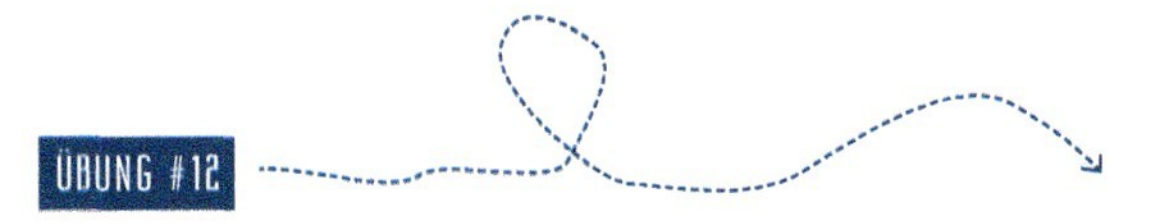

ÜBUNG: NOT-TO-DO LISTE

Nach einer langen Reise und vielen neuen Eindrücken ist es gar nicht so einfach, wieder den Fokus zu gewinnen. Eine Not-to-Do-Liste kann dich dabei unterstützen.

Was sind Dinge, die dir jetzt (nicht mehr) weiterhelfen?

→ Lege eine Liste an und notiere, worin du jetzt keine Zeit und Energie mehr investieren wirst. Das kann sein, dass du nicht mehr nach weiteren Studiengängen suchst, wenn du die Option, nochmal zu studieren schon verworfen hast.

→ Solltest du dich doch dabei ertappen, Sachen zu machen, die auf der Not-to-Do Liste stehen, lies den Tipp zu „steckenbleiben“. Oder entscheide dich einmal am Tag oder pro Woche ganz bewusst dazu, etwas zu machen, was dich nicht voranbringt, aber Spaß macht.

MEINE LISTE:

ABSCHLUSS

STARTE IN DEINEN NEUEN ALLTAG

Phase 4 hat nicht immer ein lautes Ende. Manchmal ist der Übergang in einen neuen Alltag auch ganz still und fließend. Mit dem Ende von Phase 4 endet auch deine Reise. Das merkst du an dem Gefühl, angekommen zu sein.

Hier beginnt dein neues Leben. Vielleicht läuft direkt alles ganz wunderbar rund. Vielleicht bringt der neue Alltag aber auch kleine neue Herausforderungen mit sich.

Es ist ok, wenn du eine Weile brauchst, um richtig anzukommen. Gib dir selbst die Erlaubnis, weiterhin Schritt für Schritt und in deinem Tempo unterwegs zu sein.

Erzähle von deinem Weg, wann immer es passt. Damit machst du anderen Mut, sich auch auf die Reise zu machen.

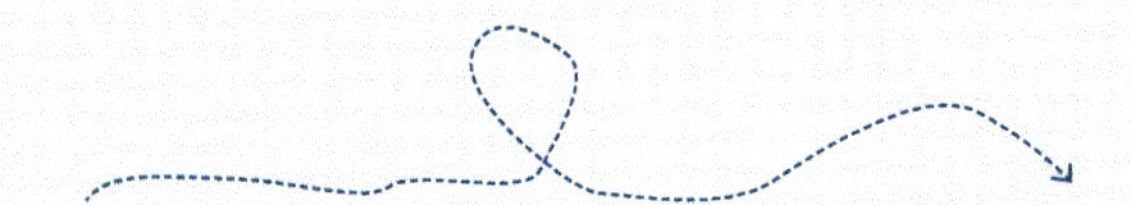

DIE GRÖSSTEN HERAUSFORDERUNGEN IN PHASE 4

In dieser Phase ist ein Fokus wichtig. Schaffe dir bewusst Zeitfenster, um dich innerlich auszurichten. Orientiere deine Schritte an deinem Ziel.

→ Auch in dieser Phase kann es Rückschläge und anstrengende Momente geben. Sei dein eigener Motivationscoach. Erinnere dich an alles, was du schon erreicht hast. Unterhalte dich gezielt mit Freunden, die dich bestärken. Berichte jemandem, der seine Reise gerade erst anfängt, wie du es geschafft hast, loszugehen, Ideen zu sammeln und innere Klarheit zu schaffen. Sei stolz auf dich.

→ Wenn der Alltag dich wieder hat, kommt es dir vielleicht vor, als wenn die Reise ganz schnell verblasst. Nimm dir Zeit, um alles nochmal Revue passieren zu lassen. Blättere in deinem Reisetagebuch, sammle deine Erkenntnisse. Was würdest du bei der nächsten Reise anders machen? Und was würdest du wieder ganz genauso machen?

WORAUF ICH STOLZ BIN:

LAND UND LEUTE

Viel von dem, was dich auf deiner Reise beschäftigen wird, ist kein individuelles Problem. Wir leben in einer bestimmten Gesellschaft und zu einer bestimmten Zeit. In diesem Kapitel habe ich einige Gedanken zu den Themen Zeit, Geld und soziale Erwartungen für dich zusammengetragen. Sie helfen dir, dich aus den eingefahrenen Routen zu befreien und deinen eigenen Weg zu gehen.

ZEIT

Eine Karriere mit wenig Sinn heißt oft auch ein Leben im Hamsterrad. Du gehst morgens los, kommst abends zurück und bist dann erstmal erschöpft. Es ist gar nicht so einfach, die Energie für die Reise zu finden. Das liegt daran, dass jede Veränderung Kraft kostet. Du verlässt die bisherigen Pfade, gibst Routinen auf und sammelst neue Informationen. Das geht nicht mal so eben mühelos und ohne Reibungsverlust. Gestalte deine Reise von Anfang an so, dass sie dir guttut. Finde ein Tempo, das zu dir passt. Sei realistisch, was in deiner jetzigen Lebenssituation möglich ist.

FRAGEN FÜR DIE REISEVORBEREITUNG:

... Wieviel Zeit möchtest du dir für deine Reise nehmen?
... Wieviel Zeit pro Tag/ Woche?
... Wie lange darf deine Reise dauern?
... Wofür bist du bereit, während deiner Reise weniger Zeit zu haben?
... Wer unterstützt dich?
... Auf wen kannst du dich verlassen?

FRAGEN FÜR UNTERWEGS:

... In welchen Momenten deiner Reise bist du mir dir im Reinen? Woran liegt das?
... Was tust du, wenn die Reise anstrengend ist?
... Wie kannst du Kraft tanken?

Wie gesagt, es gibt nicht das eine richtige Tempo. Es geht weder darum, besonders schnell zu sein, noch darum, sich sehr viel Zeit zu lassen. Du bist in einem guten Tempo unterwegs, wenn es dir guttut. Manchmal hast du schon alles getan, was gerade in deiner Macht liegt. Dann gönne dir eine Pause und beschäftige dich bewusst mit anderen Dingen. Wenn du auf neue Lösungen kommen möchtest, brauchst du Kreativität. Und die kommt nicht unter Stress, sondern wenn du entspannt bist. Manchmal ist Erholung das Produktivste, was du gerade tun kannst.

Solltest du dir einen großen zeitlichen Freiraum für deine Reise schaffen, weil du zum Beispiel kündigst, lerne ganz bewusst, deinen Tag zu gestalten. Wenn man lange im nine to five Modus war, ist es gar nicht so einfach, freie Zeit gut zu nutzen. Es wird Tage geben, die du gefühlt verschwendest und andere, die zu voll sind. Sei geduldig mit dir, es dauert eine Weile, bist du deinen Rhythmus findest. Ein Tipp: Manchen Leuten hilft es, sich in einem Co-Working-Space anzumelden. Dann kannst du wie gewohnt „zur Arbeit" gehen.

GELD

Noch gibt es kein bedingungsloses Grundeinkommen, mit dem wir unsere laufenden Kosten decken können. Das bedeutet: Dein Geld muss ausreichen, um für Miete, Versicherungen, Kredite und Essen aufzukommen.

Wer während der Reise sparen möchte, findet trotzdem einige Möglichkeiten. Du kannst zum Beispiel auf Kleidertauschpartys gehen anstatt online zu shoppen. Du kannst bewusst darauf achten, welche Käufe wirklich notwendig sind. Oder du engagierst dich bei Foodsharing und rettest Lebensmittel vor dem Wegwerfen.

Wichtig ist, dass du ehrlich mit dir selber bist. Wie viel Sicherheit und wie viel Luxus brauchst du? Beschäftige dich damit, wieviel Geld du jeden Monat brauchst, um gut leben zu können. Definiere konkrete Wohlfühl-Werte und deine Schmerzgrenze.

Diese Zahlen sind besonders wichtig, wenn du darüber nachdenkst, deinen Job aufzugeben, in Teilzeit zu arbeiten, zu gründen oder dich selbstständig zu machen. Auch hier gilt: Es gibt kein richtig oder falsch. Gut ist, was für dich gut funktioniert.

ERWARTUNGEN

Wenn du neue Wege gehen willst, wirst du dich von vielen gesellschaftlichen Erwartungen lösen müssen. Karriere mit Sinn liegt zwar im Trend, aber das heißt nicht, dass alle deine Freunde oder deine Eltern das genauso sehen.

Deshalb ist der Umgang mit Erwartungen doppelt herausfordernd. Zum einen wünschen wir uns alle, von unserem sozialen Umfeld akzeptiert und unterstützt zu werden. Zum anderen haben wir auch innere Erwartungen, denen wir versuchen, gerecht zu werden.

Du bist gerade auf einer Reise, mit der du deine Prioritäten im Leben neu sortierst. Das wird nicht ohne Reibung gehen. Lasse dich nicht aus der Ruhe bringen. Nimm Fragen und kritische Kommentare ernst, aber nur um mehr über dich zu erfahren. Wie wichtig sind dir Geld, Status und das immer höher, immer weiter auf der Karriereleiter?

Es wird einfacher, entspannt auf die Fragen von Freunden und Verwandten zu reagieren, wenn du innerlich klar bist. Hier kommen ein paar Anregungen zu den häufigsten Erwartungen.

1. ERWARTUNG:
ES IST WICHTIG, VIEL GELD ZU VERDIENEN.

Nein, es ist wichtig, genügend Geld zu verdienen. Wieviel für dich genügt, kannst nur du entscheiden. Was brauchst du wirklich?

2. ERWARTUNG:
ES IST WICHTIG, EINEN SICHEREN JOB ZU HABEN.

Nein. Es ist wichtig, dass du zuversichtlich in die Zukunft blickst. Diese Zuversicht speist sich aus beruflicher Erfahrung – und vielen anderen Dingen. Du bist mehr als dein Job. Was gibt deinem Leben noch Kontinuität? Welche Personen, Hobbys, Interessen?

3. ERWARTUNG:
WENN ICH JETZT IN EINEN JOB MIT SINN WECHSELE, VERBAUE ICH MIR MEINE KARRIERECHANCEN.

Das kann sein. Die Frage ist: Wärst du glücklich, wenn du zehn oder zwanzig Jahre so weitermachst wie bisher? Wenn nicht, dann sind es keine Karrierechancen, die du dir verbaust, sondern Unglücks-Chancen. Karriere ist nichts, was sich von außen definieren lässt. Ein Berufsleben ist dann erfolgreich, wenn es dich zufrieden macht.

Der Umgang mit Erwartungen ist nicht einfach. Nimm die Ängste und Sorgen deines Umfelds ernst. Sie sind ein Zeichen von Zuneigung. Zeige den Menschen, die dir wichtig sind, dass du ihre Meinung schätzt. Es kostet Mut und Energie, sich selbst in Gesprächen mit anderen zu hinterfragen. Aber es lohnt sich, wenn du so Verständnis und Unterstützung bekommst. Dafür ist es wichtig, dass du auch dir selbst gegenüber ehrlich bist. Oft sind wir deshalb von Zweifeln genervt, weil es unsere eigenen Zweifel sind.

TIPPS FÜR DIE REISE

VON
A BIS Z

A

ALLEINE ODER GEMEINSAM REISEN

Auch auf diese Frage gibt es keine pauschale Antwort. Beides kann richtig und gut für dich sein. Vielleicht findest du jemanden in deinem Freundes- oder Bekanntenkreis, mit dem du dich gemeinsam auf den Weg machen möchtest. Wenn nicht, willst du vielleicht nicht warten, sondern gehst einfach schon mal vor.

So wie du bei einer Backpacking-Tour im Hostel auf andere Reisende triffst, wirst du auch bei dieser Reise neue Leute kennenlernen. Diese Begegnungen sind wichtig. Auch wenn du manche Personen vielleicht nie wiedersehen wirst, kann dich jedes Gespräch einen großen Schritt voranbringen. Sei offen und mutig. Erzähle von dir, deinen Träumen und Zweifeln. Höre gut zu und lerne von den anderen.

Wenn für dich Karriere mit Sinn mehr bedeutet als ein neuer Job, dann werden diese neuen Kontakte umso wichtiger sein. Wer Lust hat, selber etwas zu gründen, braucht Partner. Ein paar wirst du schon auf der Reise finden. Halte die Augen offen und sei neugierig.

Du hast Lust, neue Leute kennenzulernen? Dann solltest du regelmäßig zu Veranstaltungen zu den Themen gehen, die dich interessieren. Oder du meldest dich in einem Co-Working-Space an.

→ SCHENKE DEN MENSCHEN, DIE DU GERNE AUF DEINE REISE MITNEHMEN MÖCHTEST, EIN EXEMPLAR DES REISEFÜHRERS.

8

BEWERBUNGEN SCHREIBEN

Berufliche Veränderung ist für viele Menschen gleichbedeutend damit, einen anderen Job zu suchen und dafür Bewerbungen zu schreiben. Dabei machen Bewerbungen nicht immer Sinn. Je nachdem, in welcher Phase deiner Reise du gerade bist, haben Bewerbungen eine andere Funktion. Bevor du also eine Bewerbung schreibst, frage dich ehrlich, was du dir gerade davon versprichst.

In Phase 1 ist eine Bewerbung oft schlicht Eines: der Versuch, den anderen Job hinter sich zu lassen. Ein neuer Job, der den alten ersetzt, ist schließlich der einfachste Weg für Veränderung. Eines weißt du jetzt sicher: Es kann nicht bleiben, wie es ist. Ob einfach „irgendein anderer" Job die Lösung ist, musst du entscheiden. Wenn du eine Veränderung suchst, die dir langfristig gut tut, ist ein überstürzter Jobwechsel oft nicht das Richtige.

In Phase 2 stehst du bereits woanders. Die Stellensuche hilft dir dabei herauszufinden, was es alles gibt und zu überlegen, was davon für dich in Frage kommt. Um das genauer herauszufinden, können erste Vorstellungsgespräche hilfreich sein.

In Phase 3 hast du möglicherweise zwischenzeitlich das Gefühl, dass du nicht genug kannst, um dich zu bewerben. Das gehört dazu. Sobald dir innerlich klar ist, was du willst, werden deine Bewerbungen eine ganz andere Selbstsicherheit ausstrahlen.

In Phase 4 lohnt es sich in der Regel am meisten, viel Zeit und Energie in deine Bewerbungen zu investieren. Du weißt jetzt, was du willst und kannst – fasse es in Worte. Hole dir von Freunden und Bekannten offenes, schonungsloses Feedback. Und dann vertraue darauf, dass du alles, was in deiner Macht steht, getan hast.

H

HÜNDIGEN JA ODER NEIN

Die Gretchenfrage bei jeder beruflichen Veränderung. Auf der einen Seite kann es sehr befreiend sein, einfach zu kündigen. Selbst zu entscheiden, wann man geht, ist ein mutiger und vor allem sehr selbstbestimmter Schritt. Auf der anderen Seite ist es schwer zu sagen, ob man wirklich schon alles versucht hat. Eine Kündigung ist ein sehr ungewisser Schritt, den man schnell bereuen kann.

Wichtig ist, auf jeden Fall erst einmal die Fakten zu sichten. Wie würde es nach der Kündigung weiter gehen? Wann würde dein Job enden? Was würde die Kündigung finanziell bedeuten? Wie sieht es mit Krankenversicherung & Co aus?

Gleichzeitig darfst du auch hier frei denken. Wozu wäre es gut, zu kündigen? Was wäre dann möglich?

Wenn für dich eine Kündigung grundsätzlich eine Option ist, ist der Zeitpunkt entscheidend. Der richtige Moment liegt irgendwo zwischen „noch nicht alles versucht" und „zu lange gewartet". Vielleicht hilft es dir, zu überlegen, was du mehr bereuen würdest – zu lange gewartet zu haben oder noch nicht alles versucht zu haben.

S

STECHENBLEIBEN

Natürlich ist deine Reise nicht der kürzeste Weg von A nach B. Keine gute Reise ist so. Der Weg ist Teil des Ziels. Es kann also gut sein, dass du in Phase 3 feststellst, dass Phase 2 noch nicht ganz abgeschlossen ist. Dann gehe einen Schritt zurück und hole alles Wichtige nach. Oder du bekommst in Phase 4 ein richtig gutes Angebot, stellst aber fest, dass du eigentlich noch ein wenig Zeit für dich brauchst. Wenn du die Möglichkeit dazu hast, gehst du also nochmal zu Phase 1. Was ich sagen will, ist: Es gibt kein richtig oder falsch, keine zu kurzen oder zu langen Reisen. Solange du Schritt für Schritt vorankommst, ist alles gut. Blättere in deinem Reisetagebuch. Was hast du schon alles erlebt? Sei stolz auf jeden Schritt, den du gegangen bist. Gönne dir die Pausen, Umwege und extra Schleifen. Sie bringen dich ans Ziel.

V

VERGLEICHE MIT ANDEREN

Du kannst dich auf drei Arten mit anderen vergleichen. Mit Vorbildern oder Mentoren, die dir ein paar Schritte voraus sind. Voller Neid mit anderen, die eigentlich so weit sein sollten wie du, aber trotzdem ein paar Schritte voraus sind. Oder voller Dankbarkeit, weil es Menschen gibt, deren Situation (vermeintlich) weniger angenehm oder komfortabel ist als deine.

Alle drei Arten des Vergleichens können ganz wunderbar hilfreich sein. Schließlich bist du auf der Reise, weil du Neues entdecken willst. Dazu kannst du auch ungewöhnliche Informationsquellen wie Neid und Dankbarkeit nutzen. Wenn du dich mit anderen vergleichst, mache dir jedoch bewusst, welche Frage du dir innerlich stellst. Formuliere die Frage so, dass sie hilfreich für deine Reise sind. Also ganz konkret, „Was kann ich von dieser Person lernen" ist hilfreich. „Ist diese Person ein besserer Mensch als ich?" wird dir (wahrscheinlich) nicht weiterhelfen.

DIESE FRAGEN KÖNNEN DIR HELFEN, MEHR ÜBER DICH ZU ERFAHREN:

→ Wer ist ein Vorbild für dich? Das können Personen aus deinem privaten oder beruflichen Umfeld sein, Promis, historische Persönlichkeiten oder fiktive Charaktere aus Büchern und Filmen. Was bewunderst du an diesen Personen? Was würdest du gerne von ihnen übernehmen und wieso?

→ Auf wen oder was bist du neidisch? Findest du ein Muster? Finde heraus, was das für dich bedeutet. Fehlt dir etwas und wenn ja was? Was sagt dein Neid über dich aus? Was brauchst du? Was wünschst du dir? Wenn du das herausfindet, kannst du etwas ändern.

→ Wer hat es (deiner Meinung nach) weniger gut als du? Was ist wirklich gerade wunderbar in deinem Leben? Wofür kannst du dankbar sein?

Z

ZWEIFEL, ANGST UND FRUST

Du bist gerade auf einer abenteuerlichen Reise. Klar, andere Menschen sind bereits ähnliche Wege gegangen. Trotzdem kennt niemand deinen Weg. Deshalb ist es sehr mutig, was du gerade tust. Du verlässt das vertraute Gebiet und das ist natürlich zwischendurch auch mal frustrierend, anstrengend, macht Angst oder löst Zweifel aus. It's all part of the game. Lass dich davon nicht abschrecken.

DIE FOLGENDEN FRAGEN HELFEN DIR, DICH AUF DIESE MOMENTE VORZUBEREITEN. ODER SIE AUSZUHALTEN, WENN SIE DA SIND:

→ Wer glaubt an dich, wenn du selbst Zweifel hast?

→ Was hilft dir, in unruhigen Momenten innerlich wieder gelassen zu werden? Was tut dir gut?

→ Wo findest du Menschen, die ähnliche Werte haben wie du, die dich auch mal auffangen können?

→ Angenommen Frust und Zweifel sind Freunde von dir. Was wollen sie dir sagen? Wovor wollen sie dich schützen? Was wünschen sie sich für dich?

→ Was ist das Schlimmste, das passieren kann? Wie schlimm wäre es, wenn genau das passiert? Was könntest du dann tun?

Begegne allen Gefühlen aufmerksam und freundlich. Erinnere dich daran, dass du auf einer Entdeckungsreise bist.

BEISPIELROUTEN:
DIESE KARRIEREPFADE GIBT ES.
INSPIRATION
FÜR DEINEN
WEG

Dieses Kapitel soll dir nicht sagen, was der beste Weg ist. Aber du findest Vorschläge, die du zur Inspiration nutzen kannst. Karriere mit Sinn kann man auf sehr unterschiedliche Arten gestalten. Wir brauchen Menschen, die radikale Experimente machen genauso, wie Menschen, die massentaugliche Lösungen entwickeln.

Nachfolgend findest du ein paar „Karrierepfade" und weiterführende Links (ohne Anspruch auf Vollständigkeit). Je nach Lebensphase und Situation ist ein anderer Lebensentwurf passend. Suche dir Vorbilder, lasse dich inspirieren, aber niemals entmutigen. Jeder von uns muss klein anfangen und kann dann nach und nach wachsen.

JOB MIT SINN

Die offensichtliche Variante: Du wechselst in ein Angestelltenverhältnis bei einem „guten" Arbeitgeber, vielleicht eine Stiftung, NGO oder ein Sozialunternehmen. Theoretisch eine schnelle Lösung, praktisch lohnt es sich, Zeit in ein persönliches Netzwerk zu investieren. Hier findest du Stellenausschreibungen und Veranstaltungstipps:

tbd.community
greenjobs.de
onpurpose.org/de
goodjobs.eu
jobverde.de/

TEILZEIT-HELD(IN)

Du reduzierst deine Stunden, um Zeit zu haben für neue Projekte, Ehrenämter oder den Aufbau einer Selbstständigkeit. Wenn das in deinem alten Job nicht geht, suchst du dir einen neuen Job, der „ok" ist und dir freie Zeit lässt. Das ist für viele eine gute Übergangslösung. Vielleicht verdienst du weniger, aber bist trotzdem zufriedener. Das Stichwort heißt: Zeitwohlstand. Du hast übrigens sogar das Recht auf Teilzeit.

finanztip.de/teilzeitarbeit
konzeptwerk-neue-oekonomie.org/abgeschlossene-projekte/zeitwohlstand
tandemploy.com/de

GUTE GRÜNDUNG

Du gründest ein Sozialunternehmen, eine Stiftung oder einen Verein. Vielleicht nimmst du dafür an einem Förderprogramm teil. Dieser Weg erfordert etwas Mut und viel Durchhaltevermögen.

socialimpact.eu/lab
www.seakademie.de

ROBIN HOOD SELBSTSTÄNDIGKEIT

Du machst dich selbstständig und finanzierst deine Projekte und Kunden quer. Wer kann, zahlt mehr, wer weniger hat, darf trotzdem mitmachen. Deshalb gibt es diesen Reiseführer. Damit möglichst viele Menschen ihre Idee einer Karriere mit Sinn umsetzen.

tinaroebel.de

EFFEKTIVER ALTRUISMUS

Du folgst nicht deinem Bauchgefühl, sondern deinem Verstand. Wie kannst du am meisten bewirken? Vielleicht wirst du Investmentbanker und spendest einen (Groß-)Teil deines Gehalts an gemeinnützige Projekte. Oder du sammelst zunächst weitere berufliche Erfahrungen, die dir im übernächsten Schritt eine wirksame Karriere mit Sinn ermöglichen.

effektiveraltruismus.de
80000hours.org

AUSSTEIGEN

Du verlässt deinen bisherigen Alltag, um in einem Gemeinschaftsprojekt zu leben oder eins zu gründen. Du zeigst, dass andere Formen des Lebens und Arbeitens möglich sind.

transition-initiativen.de
livingutopia.org
zegg.de
geldfreierleben.de

BEDINGUNGSLOSES GRUNDEINKOMMEN

Du bewirbst dich für ein bedingungsloses Grundeinkommen oder nutzt dein Arbeitslosengeld als Grundeinkommen, um dir selbst Zeit zu geben.

Diese Option kann schnell am Ego kratzen, sei ehrlich mit dir, ob sie etwas für dich ist und du mit den sozialen Erwartungen zurecht kommst.

mein-grundeinkommen.de

DAS SYSTEM VON INNEN VERÄNDERN

Du wirst Intrapreneur und gestaltest die Wirtschaft von innen heraus neu. Dieser Weg erfordert viel Charakterstärke. Du bringst deine Werte dort ein, wo sie (noch) nicht mehrheitsfähig sind. Strukturiert, zum Beispiel mit einer Gemeinwohlbilanz, oder in Projekten, zum Beispiel zu nachhaltigen Produktionsprozessen, weltweit fairen Löhnen oder auch einfach erstmal Bio-Fleisch in der Kantine.

ecogood.org/de
tbd.community/de/t/intrapreneurship
hilfswerft.de/soziales-unternehmertum/social-intrapreneurship

POLITIKRETTER(IN)

Du engagierst dich mit einem Teil deiner Zeit politisch. In einer der etablierten Parteien, auf regionaler oder bundesweiter Ebene. Oder du schließt dich einer Initiative an, die Demokratie neu beleben will.

bewegung.jetzt

ALLTAGSHELD(IN)

Nicht immer ist Karriere mit Sinn groß und glanzvoll. Es gibt viele Menschen, die jeden Tag ein Stück die Welt besser machen. Weil sie Angehörige pflegen, ihre Spielräume als Sachbearbeiter nutzen oder auch einfach die beste Lehrerin oder der beste Hausmeister der Welt sind. Am Ende des Tages entscheidet nicht nur, was du machst, sondern auch, wie du es machst. Jede Tätigkeit bietet Spielräume, um etwas zu bewirken. Wenn du achtsam und präsent durch deinen Alltag gehst, wirst du deine Spielräume sehen.

Filmtipp: Florida Project (Willem Dafoe als Alltagsheld)

Egal, welchen Weg du einschlägst, bleib dran. Die Welt braucht dich.

ANHANG

VORLAGE FÜR DEIN REISE-TAGEBUCH

In deinem Reisetagebuch sammelst du alles, was dir in einem Moment wichtig erscheint. Und du dokumentierst deine Reiseroute. Das hilft dir dabei, Klarheit darüber zu erlangen, wo du gerade stehst. Und du weißt jederzeit, wie es weitergeht.

1. RÜCKBLICK

Dokumentiere, wann du dir Zeit für deine Reise genommen hast. Was hast du konkret unternommen? Inwiefern hat es dich vorangebracht? Was könnten weiterführende Schritte sein?

2. PLANUNG

Trage eine konkrete Aktivität ein, mit der du beim nächsten Mal weitermachen möchtest. Wenn du gerne im Voraus planst, kannst du auch schon mehrere Stationen planen. Sei offen für Neues. Manchmal sind ungeplante Abstecher die wichtigsten.

So könnte dein Reisetagebuch aussehen:

Ziel der Reise
Ein Job mit Sinn, der mich erfüllt und bei dem ich mich persönlich entwickeln kann.
Start der Reise: 24.05.2018
Geplantes Ende: ~~31.12.2018~~ 24.05.2019

Datum	Aktivität	Erkenntnisse*	Nächste Schritte
30.05.2018	Mit zwei Freunden darüber sprechen	Ich habe echt schon einiges unternommen.	Zu Veranstaltungen gehen

* Manchmal ist die wichtigste Erkenntnis, dass etwas dich (gerade) nicht voranbringt. Es kann sein, dass du jede Woche eine Bewerbung schreibst und dich jedes Mal dazu zwingen musst. Dann ist gerade vielleicht nicht der richtige Zeitpunkt, um Bewerbungen zu schreiben. Vertraue deinem Bauchgefühl. Das soll nicht heißen, dass du mit allem pausieren sollst, wenn es sich anstrengend anfühlt. Es gibt viele Teile deines Weges, die Kraft erfordern. Aber jeder Teil sollte sich sinnvoll anfühlen.

TINA RÖBEL

Die Autorin

Tina Röbel ist Coach, Trainerin und Autorin. Nach vielen Coachings zum Thema Karriere mit Sinn will sie sich selbst mit dem Reiseführer überflüssig machen. Ihr liegt besonders am Herzen, die kleinen Fragen des Alltags (für wen arbeiten) zusammen mit den großen Fragen unserer Zeit zu denken (Klimawandelfluchtursachen-migrationpolitik). Neben ihrer freiberuflichen Tätigkeit hat Tina Röbel ihre Doktorarbeit zu Erwachsenenbildung und Wirtschaftsethik geschrieben. Mit einem dritten Standbein arbeitet sie als Personal- und Organisationsentwicklerin. In ihrer Freizeit ist sie gerne in Bewegung, am liebsten in der Natur.

Die Fotos hat Tina von ihren Reisen mitgebracht. Die Schönheit der Natur zu bewahren, gehört mit zu ihren Herzensanliegen. Mittlerweile versucht sie, auf Flugreisen zu verzichten.

Mehr Informationen zur Autorin und aktuelle Blogbeiträge:

www.tinaroebel.de

Einmal im Monat gibt es frische Gedanken und aktuelle Termine auch per Newsletter.

JASMIN RIEBEL

Die Designerin

Jasmin Riebel ist Designstrategin und Yogalehrerin. Ihr liegt am Herzen, dass Designer sich weit über ihr Berufsfeld hinaus engagieren und sich Themen aus Gesellschaft und Umwelt zu eigen machen. Besonders fasziniert ist sie gerade von neuen Arbeitswelten und von Urban Beekeeping.

In ihrer Arbeit legt sie besonderen Wert auf die Verbindung von Intuition und Verstand.

Ihre Philosophie: Design ist visuell übersetzte Kommunikation. Design als Denkwerkzeug hilft, Problemen auf den Grund zu gehen. So entstehen Lösungen, die das Leben im Kleinen und die Welt im Großen besser machen.

www.jasminriebel.de

POSTKARTEN

Ich freue mich sehr auf dein Feedback! Wie hast du den Reiseführer genutzt? Was hat für dich gut funktioniert? Was hat dir gefehlt? Was hast du zusätzlich gemacht?

Wenn du Lust hast, schreibe mir eine Postkarte von unterwegs mit deinem persönlichen Reisebericht:

Tina Röbel
Hoheluftchaussee 40a
20253 Hamburg

Oder du schickst eine E-Mail an postkarte@tinaroebel.de.

Jeder Gedanke von dir hilft mir, den Reiseführer noch besser zu machen. Danke, dass wir gemeinsam auf dem Weg sind.

Die Welt braucht dich.
Tina

RAUM FÜR GEDANKEN

IMPRESSUM

Umschlag und Illustration: Jasmin Riebel
Lektorat: Alexandra Grimm

Verlag und Druck: tredition GmbH, Hamburg

ISBN
Paperback 978-3-7469-1924-9